REFLEXIONS

CRITIQUES,

SUR LA COMEDIE

DE NANINE,

ADRESSÉES

A MADAME D***,

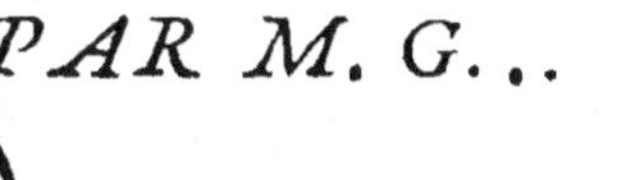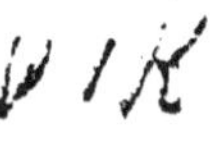

PAR M. G...

A NANCI.

1749.

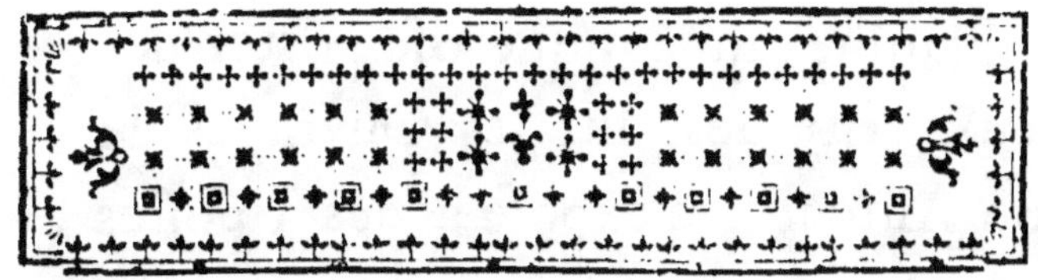

REFLEXIONS

CRITIQUES,

SUR LA COMEDIE

DE NANINE,

ADRESSE'ES

A MADAME D***,

PAR M. DE G....

MADAME,

Ou s ignorez, sans doute, à combien de désagrémens vous m'exposez en exigeant de moi mon sentiment sur la Comédie

A

de Nanine ; quiconque ofe porter des yeux critiques fur les Ouvrages de fon Auteur , s'expofe à des ripoftes dangereufes ; ce n'eft pas tout encore, il emprunte le fecours de Themis , & fait retentir les Tribunaux de fes plaintes contre tous ceux qui ofent découvrir des fautes , qu'il ne veut pas fe donner la peine d'éviter , ou de corriger , & fes Caufes qui jadis étoient du reffort du Parnaffe , font maintenant commifes au Châtelet ; rien ne lui paroît jufte que les éloges qu'on lui donne , & cet ennemi juré de tout critique , a qui les guerres civiles de l'Hélicon , arrachent des larmes de fang , ne fe fouvient plus aujourd'hui qu'il fût l'architecte d'un Temple conftruit aux dépens des plus illuftres de fon fiécle. Les fautes pour n'avoir point

été punies,doivent-elles être oubliées?
& M. de V. armé du flambleau de la
chicane,ne montre-t-il pas un exemple
qui peut lui devenir préjudieiable ?
Peut-être,dira-t-on, que dès-que quel-
ques-uns de ſes rivaux ſont morts , il
leur a rendu genereuſementla juſtice
qu'il leur devoit ; je pourrois répondre à cela , ce me ſemble , que s'il exi-
ge que l'on faſſe ſon éloge pendant
ſa vie , il pourroit bien arriver , qu'à
ſon exemple , on changeât de langage
après ſa mort ; d'ailleurs on eſt auto-
riſé ſans doute , même dès-à-preſent ,
à lui refuſer pendant qu'il exiſte , ce
qu'il a lui-même refuſé d'accorder aux
autres pendant leur vie ; mais envain
on ſe fonderoit ſur cette autorité.
M. de V. au lieu de répondre en homme de Léttres à des critiques , peut-

être déplacées, se vange en Bas-Normand, & répond à des Epigrammes par des Exploits. Je vais donc, Madame, essuyer un Procès, puisque pour vous obliger, je vais vous dire avec franchise ce que je pense de *Nanine*.

La Baronne à qui l'Auteur a donné un de ces caractères si connus, tant de fois représentés sur la scêne, aime moins sans doute les Procès que M. de V. puisque pour en terminer un, elle vient proposer elle-même les accommodemens, & de peur de manquer son coup, loge contre toute décence, chez sa Partie adverse, laquelle est un jeune homme, qui pour le bien & l'honneur de la pacifique Baronne est amoureux de *Nanine*, rassure apparamment cette Baronne contre les entreprises du Comte L'autorité de cette femme n'a point de bornes dans la maifon de ce dernier ; Nanine eſt la victime de ſes caprices & de ſa jalouſie, & il plaît à *Monſeigneur*, qui depuis long-tems eſt amoureux de Nanine, de ne s'appercevoir de ce qu'elle ſouffre qu'au moment où il forme le projet de l'épouſer. Les invectives réciproques que le Comte & la Baronne ſe diſent au premier Acte, n'ouvrent point les yeux à celle-ci qui devroit bien préſumer après un portrait auſſi peu flatté, que celui que le Comte vient de lui faire d'elle-même, qu'il n'a point du tout envie que ſon cœur & ſa liberté ſoient intereſſés dans l'accommodement de leur Procès.

La Baronne, cette femme vive, emportée, va bien-tôt ſortir de ſon caractere : le Comte fort, la Baronne, *à parte* devient une femme politique & diffimulée, les foupçons naiffent dans fon cœur à l'improvifte, elle va chercher à les vérifier dans les difcours & dans les yeux de Nanine.

M. de **V.** qui fait bien, quand il le veut, & à qui conféquemment on ne doit point pardonner, quand il ne le fait pas, donne en cet endroit une Scéne auffi pleine d'efprit que de vérité. Mais bientôt il abandonne la vraifemblance ; *la Baronne va conduire Nanine au Couvent* : Le Comte arrivé, il s'attendrit avec elle ; *Nanine* lui témoigne par un beau Vers de Polieucte, une douleur d'autant plus amere qu'elle eft réduite au filence ; la Baronne l'a mife dans l'alternative accablante d'accepter Blaife pour mary, ou de paſſer ſes jours dans un Couvent; elle prend ce dernier party : le Comte lui fait des queſtions auſquelles elle répond mal, c'eſt-à-dire, d'une façon équivoque ; ſes larmes la trahiſent, elle ſe retire, le Comte la laiſſe aller, il ne ſe ſoucie pas aſſez de pénétrer le motif du chagrin de Nanine pour la ſuivre ; il l'adore, à ce qu'il dit, & la laiſſe aller, ſûr apparamment, à force d'y ſonger de deviner le ſecret de ſa Maîtreſſe. Le réſultat de ſes réflexions eſt d'ordonner pour elle une corbeille de Nôces magnifique, avec un Equipage brillant.

Le projet de la Baronne eſt ſur le point de s'exécuter, Nanine eſt prête, la Baronne auſſi, le Caroſſe ſort de deſſous la Remiſe ; le Comte, qui heureuſement n'a pas dormi de la nuit, eſt étonné du bruit qu'il entend; il s'informe de ce que ce peut être , un Valet l'en inſtruit, il frémit, il s'irrite, fait fermer la porte cochere à la groſſe clef , & reſte là. Le Spectateur ne s'amuſe point de cette tranquillité , & penſe qu'il ſeroit beaucoup plus à propoˢ que le Comte allât lui-même s'oppoſer au départ de Nanine. On s'imagine que la Baronne , au projet de laquelle les ardeurs du Comte mettent obſtacle , va pouſſer les hauts cris , & qu'elle va accabler le Comte d'invectives , point du tout. Nanine arrive ſeule ; il ſe paſſe entr'elle & le Comte la ſcéne la plus attendriſſante: tout le Sublime de la Tragédie y eſt employé ; Le Comte triomphe des ſcrupules de Nanine, lui déclare ſon amour , & détruit généreuſement toutes les objeƈions de cette vertueuſe Fille par des argumens inconteſtables, puiſque la raiſon & la nature les ont établis de tout tems. La Baronne eſt ſans doute occupée de ſa toillette, puiſqu'elle ne paroît point encore; le Comte ſe retire : Blaiſe vient parler tendreſſe & mariage à Nanine, moins pour reſerrer le nœud de l'intrigue par l'interêt d'un nouvel amour, que pour recevoir une Lettre de Nanine, & ſe la laiſſer mal adroitement ſurprendre par la Baronne, qui trompée par l'apparence, va remettre au Comte cette Lettre fatale au bonheur de Nanine; le Comte à ſon tour trompé par ce qu'il voit, ſaçrifie ſa Maîtreſſe au premier mouvement; envain l'adreſſe de la Lettre indique & la demeure , & le nom de *Philipes Hombert*, la curioſité du Comte, qui voudroit cependant connoître son Rival, puisqu'il demande quel il est à tous ceux qui l'approchent, ne va pas jusqu'à s'en informer à ceux qui peuvent l'en instruire. C'est dans les mains de Blaise que l'on a saisi la Lettre; il est donc raisonnable de présumer qu'il seroit mieux informé qu'un autre; il est absent pour remplir en partie la commission dont Nanine l'a chargée, on devroit l'attendre & dans cette crise il n'en est point du tout question. Nanine sans être entendue est enfin chassée, & sur le point de son départ elle s'entretient avec un Valet qui pourroit l'instruire au moins du motif de son expulsion, puisqu'il a reçu du Comte l'ordre de donner les étrivieres à *Philippes Hombert*; Mais ce Valet a la mémoire courte; & lorsque Nanine l'interroge sur les cauſes de ſa diſgrace, il ne ſçait que lui répondre; mais comment Nanine elle-même, à qui l'on va prendre ſes Papiers par l'ordre du Comte, ne ſoupçonne-t-elle pas que la Lettre qu'elle écrivoit à *Philippes Hombert* ſon pere, ait été interceptée entre les mains de Blaiſe par le Comte ou par la Baronne. Toute la modeſtie poſſible devroit-elle alors l'empêcher de juſtifier a conduite. Quel interêt d'ailleurs a - t - elle de dérober aux yeux du Comte la triſte ſituation de ſon pere? Depuis long-tems elle n'ignore pas que le Comte, dont elle a reçu mille bienfaits, eſt fort au - deſſus du préjugé qu'inſpire la miſere au déſavantage de ceux qu'elle perſécute. Mais en agiſſant raiſonnablement, comment auroit-on pû faire de Nanine une Piéce en trois Actes. Blaife eft fans doute au Cabaret , car s'il étoit dans la maifon , comme il devroit être , lorfque *Philipe Hombert* arrive avec la bourfe & l'écrain que lui a fait remettre fa fille , il feroit fans doute inftruit de la difgrace de fa Maîtreffe , auprès de qui, par parenthefe , l'envie de l'obliger auroit dû le ramener plutôt ; il fçauroit auffi les motifs qui y donnent lieu , puifqu'ayant vû *Philipe Hombert* , il feroit en état de detruire les foupçons du Comte ; mais un homme fi bien inftruit qu'il falloit ramener fur la Scéne pour le bien de la vraifemblance , devoit en être éloigné pour l'étendue de l'intrigue,& fa préfence eût rendu inutile , une Scéne d'Apparat, à propos de laquelle on auroit fait peut - être plus de plaisir au Public, si l'on eut tout-à-fait copié celle dont elle est imitée.

Je ne vous ai encore rien dit, Madame, du caractere de la mere du Comte, il ne lui manque que l'aigreur de Madame Pernelle pour lui ressembler tout-à-fait. C'est une vieille Commere bavarde & triviale, chargée des maximes du *bon vieux tems*, & qui s'énonce avec une bassesse de langage qu'on ne peut supposer naturelle à une personne de condition, qui peut cependant être tout aussi bavarde que la Maîtresse d'un Cabaret, mais qui cependant se distingue toujours par l'usage & le choix des expressions.

Quelques Critiques superficiels ont reproché à M. de V.... des rimes négligées: il y a si long-tems qu'il s'est déclaré là-dessus, & qu'il prétend en agir à sa fantaisie, qu'on auroit dû se taire sur cet article, *desert* & *cher* riment pour l'oreille, & cela lui suffit & doit suffire à tout autre.

Il est tems de finir, Madame, trop de tems employé à une Critique telle que la mienne, est une perte que vous vous reprocheriez. ; je détourne ma plume & mon imagination de Nanine, elles seront bien mieux occupées, l'une de votre image, & l'autre du soin de vous assurer que je serai toute ma vie, avec autant de respect que d'estime;

MADAME,

Votre très-humble & très-obéissant Serviteur.

DE GRESVIK.